LES LIVRES DU DRAGON D'OR
www.dragondor.fr
Les Livres du Dragon d'Or - Un département d'Edi8
12, avenue d'Italie, 75013 Paris

Idée originale de Marcela Citterio.
Co-auteurs : Julieta Steinbert, Marisa Milanesio, Claudia Morales.

B&R360
BRANDS & RIGHTS 360

Conception : Lucie Pouget
Maquette couverture : Sandrine Morgan - Maquette intérieure : Ipokamp

Loi n° 49-956 du 16 juillet 1949 sur les publications destinées à la jeunesse, modifiée par la loi n° 2011-525 du 17 mai 2011.

ISBN : 978-2-8212-0761-5

Dépôt légal : mars 2017 - Imprimé en U.E.

Le Guide Officiel
YO SOY FRANKY
Tous les secrets de la série!
LES LIVRES DU DRAGON D'OR

Robot incognito

Et si ta meilleure amie était un robot ?

Avec Franky, tout devient possible. Même si elle ressemble aux jeunes filles de son âge, l'adolescente n'est pas ordinaire : c'est un robot au système très développé. Mais attention, c'est un secret...

La vie d'un robot n'est pas de tout repos ! Comprendre les sentiments des humains alors que l'on est incapable d'en ressentir, aller à l'école et faire comme si de rien n'était, alors que l'on est connecté en permanence à Internet, difficile de ne pas éveiller les soupçons. D'ailleurs, Tamara, sa camarade de classe, est bien décidée à percer le mystère et Paul compte bien lui aussi créer un robot qui remportera le concours d'androïdes. Heureusement, Franky peut compter sur sa famille et sa meilleure amie Delphine, les seuls à connaître sa véritable nature. Grâce à eux, elle va vivre de nombreuses aventures aux côtés du beau Christian, de Roby, Clara, Benjamin, Loli, Ivan et tous ses amis ! Histoires d'amour, castings en tout genre, piratages et courts-circuits en série, tu n'es pas au bout de tes surprises.

Ce livre te révèlera tous les secrets des personnages de Franky, et bien d'autres choses ! Tu feras connaissance avec leur famille, leurs amis, et tout ce qu'il faut savoir quand on est un robot. Tu découvriras les événements marquants de cette première saison, des quiz et même un album photo. **N'attends plus, tourne le page et plonge vite dans l'univers de Franky !**

Franky

Née dans un laboratoire sous le nom FR4NK13, Franky est un robot. Elle ressemble aux jeunes filles de son âge, mais doit cacher sa véritable nature à tout le monde. Ce qui n'est pas facile quand on n'éprouve pas de sentiments ! Comme elle n'a pas de cœur, Franky a du mal à comprendre les réactions et les émotions de son entourage. Elle ne comprend pas l'humour non plus ni les expressions imagées ! Elle ne sait pas quand il faut rire à une blague. Cela passe presque inaperçu.

Franky est très intelligente. Elle est connectée en permanence à Internet, peut faire des photos en clignant des yeux et recevoir des mails sans que personne ne s'en rende compte. Ses doigts sont des clefs USB, elle peut courir à la vitesse de la lumière et même voler grâce à un propulseur installé dans ses pieds ! Pratique, n'est-ce pas ?

INTERDIT !

Franky n'a ni le droit de boire ni de manger comme les humains et ne doit jamais entrer en contact avec la moindre goutte d'eau. Si elle oublie ces règles, il se passe des choses... très étranges !

Phrases cultes

– Bonjour, je suis Franky !

Au début de la série, c'est ainsi que la jeune robot commence chacune de ses phrases. Et quand on lui demande comment ça va, Franky répond toujours :

– Je vais bien, merci, et toi, comment va ta famille ?

Franky est toujours prête à rendre service et à aider ses amis, même si cela lui attire parfois des ennuis !

Sa famille

Clara

Clara est la petite sœur de Franky.

Taquine et turbulente, elle essaie toujours de profiter des talents de Franky. Au départ, Clara est jalouse que ses parents lui prêtent plus d'attention. Mais avec le temps, elle comprend que c'est vraiment très chouette d'avoir une grande sœur robot... qui peut l'aider à faire ses devoirs !

Mauvaise blague !

Dès le premier jour, Clara raconte à Franky que c'est dans un placard qu'elle doit dormir. Heureusement que Sofia est là pour lui montrer sa chambre et son lit !

Wilson et Sofia

Ce sont les parents de Clara.

Wilson est écrivain, il travaille à la maison, et passe son temps derrière son bureau à inventer de nouvelles histoires. Sofia est une grande scientifique. C'est elle qui a créé Franky. Les Andrade considèrent la jeune robot comme leur fille.

Mémoire

Franky subit une reprogrammation de la part de Charlie et oublie sa famille. Wilson, Sofia et Clara sont vraiment très tristes. Ils vont tout faire pour récupérer leur petite Franky.

La grand-mère

À table !

Comme Émilie trouve sa petite-fille extraordinaire, elle souhaite préparer un plat extraordinaire pour l'occasion. Pas sûr que ce soit une bonne idée...

La maman de Wilson arrive à l'improviste chez les Andrade.

Elle tombe dans les pommes quand Sofia lui raconte que Franky a été adoptée. La grand-mère veut rattraper le temps perdu et passer toute la journée avec sa nouvelle petite-fille.

La mission de Franky ? Tout faire pour ne pas montrer qu'elle est un androïde.

Christian

Christian est le garçon le plus populaire du lycée, il passe son temps à faire des blagues et à rigoler. Il adore le sport, surtout le foot et le skateboard. Sa rencontre avec Franky va changer sa vie. Il est fou amoureux d'elle, mais comme la jeune androïde ne ressent pas de sentiments, c'est beaucoup plus compliqué que prévu !

Même s'il fait parfois mine de ne pas se préoccuper de la jeune fille lorsqu'elle lui en fait voir de toutes les couleurs, Chris est toujours là pour elle ! En un rien de temps, il peut mettre son agacement de côté pour lui venir en aide. Il a parfois peur que Franky ne soit pas celle qu'il croit. Et il n'est pas au bout de ses surprises...

Quelle patience !

Chris est vraiment très patient avec Franky ! Il cherche toujours à la comprendre, même quand elle lui affirme qu'elle ne le connaît pas et qu'elle a tout oublié. C'est sûr, Franky lui fait tourner la tête !

Phrases cultes

– Je ne peux pas me mouiller. Si j'entre en contact avec l'eau, je fais des courts-circuits.

C'est la phrase que Franky a dite à Christian juste avant de lui piquer son parapluie !

Qualité ?

Le jeune homme est passionné et attentionné envers sa famille et ses amis.

Delphine

C'est la sœur de Christian et la meilleure amie de Franky.

Elle adore son frère et fait tout pour le protéger. La jeune fille a peur qu'il s'attache à Franky et soit déçu de découvrir un jour sa vraie nature.

Qualité ?
Delphine est une amie fidèle et loyale, elle accompagne Franky dans toutes ses aventures.

C'est la première à apprendre le secret de Franky.

Même si au départ elle a énormément de mal à le garder pour elle, c'est une amie parfaite. Elle la protège et lui explique comment fonctionnent les humains.

Son amoureux

Delphine craque pour le beau **Roby** ! Mais elle ignore qu'il est un robot...

Marguerite

Marguerite est la mère de Christian et Delphine.

Elle a perdu son mari et c'est elle qui tient le Cyber. Ses délicieux gâteaux colorés font d'elle une pâtissière hors norme ! Sa priorité n'a jamais été de refaire sa vie, mais de s'occuper au mieux de ses deux enfants. Tout le monde voudrait lui ressembler, car elle rend la vie plus belle !

Qualité ?

Marguerite est pétillante et pleine de joie. C'est elle qui fait le charme du Cyber !

Elle craque pour…

PAUL ! Eh oui, Marguerite n'est pas indifférente à ce grincheux !

Tamara

Tamara est la plus intelligente du lycée, mais l'arrivée de Franky lui fait de l'ombre et elle ne supporte pas d'avoir perdu sa place de première de la classe.

La jeune fille au fort caractère est bien décidée à percer son secret. Son objectif : prouver que Franky triche et tire son savoir d'Internet.

Généralement, tout le monde obéit à Tamara, c'est un peu la cheftaine du groupe. Elle peut être cinglante et ironique. Elle adore la mode et être sous les feux des projecteurs.

Vitamines

Tamara est persuadée que Franky prend des vitamines pour développer son intelligence artificielle.

Petit nom

Tamara a appelé son petit chien **Kikiss**. C'est le surnom qu'elle donnait à Christian quand ils étaient enfants. Pas sûr que ça lui plaise !

Elle est très amoureuse de Christian, et fait tout pour qu'il s'intéresse à elle, sans résultat ! Le jeune homme la considère comme sa petite sœur.

Qualité ?

Son intelligence humaine est sans égal ! Tamara est vive d'esprit.

Benjamin

Benjamin est le petit frère de Tamara, son exact opposé !

Ils s'entendent comme chien et chat ! Elle vient souvent le chercher chez les Andrade. C'est d'ailleurs en venant le récupérer, qu'un jour elle a découvert le laboratoire secret de Sofia. Benjamin lui a affirmé qu'un fantôme y vivait, et qu'il ne fallait surtout pas y remettre les pieds.

Il est le meilleur ami de Clara.

Comme elle, il n'aime pas étudier. Il cherche toujours un prétexte pour s'amuser et attirer l'attention. Avec la sœur de Franky, ils forment un duo de choc… surtout quand il s'agit de faire des bêtises !

Extraterrestre

Clara a longtemps fait croire à Benjamin qu'elle était un extra-terrestre. Il a mis du temps à lui pardonner cette blague.

Ivan

Ivan est le meilleur ami de Tamara, mais le jeune homme préférerait être son amoureux.

Il n'espère qu'une chose : qu'elle finisse par se rendre compte qu'il n'a d'yeux que pour elle. Il accompagne Tam partout où elle va, même s'il sait que cela lui attire généralement des ennuis.

Rébellion !

Lorsque Loli explique à Ivan que les filles aiment les garçons qui ont du caractère, le jeune homme décide de ne plus jamais porter les affaires de Tamara.

Qualité ?

Ivan est un ami fidèle sur qui chacun peut compter.

Roby

Ce robot a été créé dans le laboratoire secret de Paul.

Il l'a mis en service alors qu'il n'était pas encore terminé ! Au départ, il a été conçu dans le but d'espionner Franky, et comme elle, il va devoir se faire passer pour un adolescent comme les autres. Ses quelques défauts le rendent très drôle et attachant.

Roby est garçon charmant et il plaît beaucoup aux filles.

Il adore danser, et à chaque fois qu'il entend de la musique, il ne peut s'empêcher de bouger, jusqu'à faire surchauffer son système. Son plus gros défaut ? Roby n'est pas très intelligent, mais heureusement, il peut compter sur ses nombreuses qualités pour se faire des amis.

Diminutif

Le vrai prénom de Roby est Roberto !

Qualité ?

Roby est un excellent danseur ! Il a le rythme dans la peau, et ne peut résister à quelques notes de musique.

Choix difficile

Roby ne parvient pas à choisir entre Delphine et Loli, elles sont toutes les deux folles amoureuses de lui.

Paul

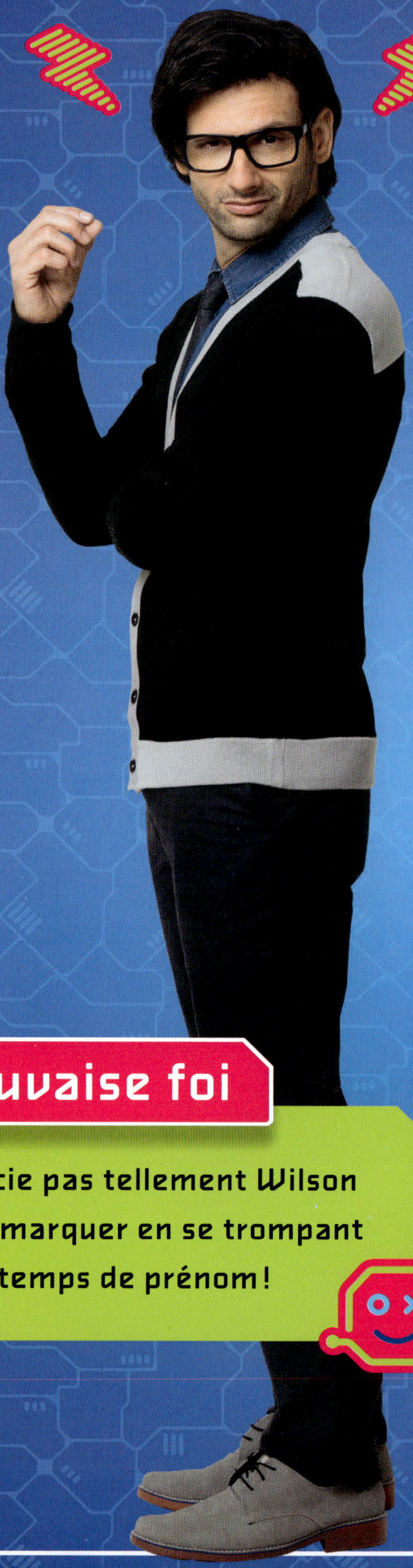

Paul est le créateur de Roby, qu'il considère comme son fils.

Toujours de mauvaise humeur, Paul est caractériel, il boude souvent et déteste les gens qui sourient tout le temps ! C'est aussi pour ça qu'il n'aime pas quand Roby danse, c'est beaucoup trop joyeux !

Paul et Sofia sont collègues de travail et vivent dans le même immeuble. Il voudrait que tout le monde reconnaisse son génie et être meilleur que la belle scientifique. Lui aussi a un laboratoire secret dans son appartement. C'est dans cette pièce qu'il tente à plusieurs reprises de pirater Franky.

Au Cyber, il commande toujours une limonade amère à Marguerite, le sucre étant réservé aux moments où il est particulièrement heureux. La jolie Marguerite ne le laisse d'ailleurs pas indifférent…

Mauvaise foi

Paul n'apprécie pas tellement Wilson et il lui fait remarquer en se trompant tout le temps de prénom !

Loli

Cette jeune fille pétillante adore la mode, la musique et surtout son violon. Elle est très amoureuse de Roby. Son apparence de jolie blonde exubérante ne correspond pas à sa personnalité, plutôt naïve et sensible. Elle aime beaucoup parler, ce qui fatigue très vite Paul quand elle passe du temps chez Roby !

Qualité ?

Loli est un rayon de soleil pour ses amis, elle est toujours de bonne humeur.

Raymond et Mariano

Raymond est le concierge et vit avec son fils, Mariano.

Il l'encourage, le soutient et lui donne toujours de bons conseils. Le jeune homme s'entend très bien avec son père depuis que sa mère les a abandonnés. Le plus beau cadeau que son père lui ait fait ? Une magnifique batterie. Le jeune homme passe beaucoup de temps à jouer de la musique.

Mariano accompagne Christian, son meilleur ami, dans toutes ses aventures.

Et même si une dispute éclate entre eux, cela ne dure jamais bien longtemps, car leur amitié est plus forte que tout.

Point de rendez-vous !

Mariano et Christian viennent souvent attendre Clara, Franky et Roby en bas de l'immeuble pour aller au lycée ensemble.

Il craque pour...

Delphine! Eh oui, la sœur de son meilleur ami lui plaît énormément. Malheureusement pour lui, elle est amoureuse de Roby.

Nom d'emprunt

Paul utilise le nom de **Raymond** pour participer au concours d'androïdes. Ainsi, il espère que Sofia ne le découvre pas.

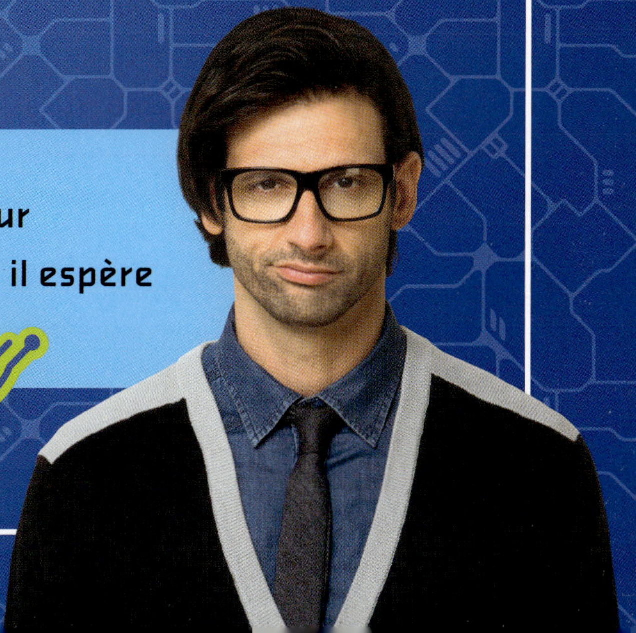

Charlie

Charlie est le patron de Sofia et Paul.

C'est un homme joyeux, mais qui cache bien son jeu et n'est pas digne de confiance.

E.E.

Egg Entreprises

est le nom du laboratoire où travaillent Charlie, Sofia et Paul. C'est un lieu sécurisé et très surveillé. Franky a été conçue dans un des œufs de ce laboratoire.

Le plan de Charlie ? Kidnapper Franky et Roby pour les cloner.

Il a même fait l'expérience de les enlever à leurs parents pour les reprogrammer. Pendant un court temps, Charlie devient le père des deux androïdes, et Franky et Roby des frère et sœur... Après avoir rendu les robots à leur famille, Charlie assure à Sofia et Paul qu'il ne fera plus rien sans leur accord. Méfiance...

Plan d'action

Pour s'échapper du laboratoire, Franky et Roby utilisent la télépathie pour mettre un plan en place. Mais avec Charlie dans les parages, ce n'est pas si simple...

Allié de taille

Un spécialiste en clonage assiste Charlie. Il vient exprès du Japon.

Infiltration

Tamara parvient à pénétrer dans les locaux de *Egg* et à prendre des photos de Franky, certaine d'avoir découvert son secret.

La directrice

La directrice est une femme autoritaire, qui rêve de faire carrière dans le cinéma.

Quand Franky attrape un virus qui la fait chanter à longueur de journée, la directrice en profite pour monter une comédie musicale et jouer les directrices artistiques.

Tous les matins, les amis se retrouvent à l'école. Le collège et le lycée ont une grande cour commune. Tamara, Ivan, Loli, Christian, Roby et Franky sont dans la même classe au lycée. Delphine et Mariano sont dans une autre classe. Benjamin et Clara sont au collège ensemble.

Mauvais coup

Alors qu'elle joue au foot à l'école, Franky reçoit un ballon en pleine tête et se met à parler avec une voix d'homme. Agacée par les rires qu'elle suscite en classe, la professeure l'envoie dans le bureau de la directrice.

Célébrité

La directrice connaît son heure de gloire quand elle se fait prendre en photo avec Roby et Franky, devenus célèbres grâce à la publicité dans laquelle ils ont joué.

Solidarité

Quand Franky se fait punir en classe, ses camarades prennent toujours sa défense… et finissent par être punis aussi !

Le Cyber

Le Cyber est tenu par Marguerite.

Elle y vend de délicieux gâteaux colorés. Franky et ses amis aiment s'y retrouver pour discuter autour d'un goûter, ou pour faire la fête.

Le Cyber est au bord de la faillite. Les amis décident de tout faire pour le sauver.

Tamara décide de tourner une vidéo pour faire la promotion de leur lieu préféré. Hors de question que Franky apparaisse. Mais sa vidéo n'est visionnée que 7 fois...

Révélations !

C'est ici que Delphine découvre que Franky est un robot ! La batterie de Franky est déchargée... Sofia et Wilson arrivent à la rescousse. Mais alors que la scientifique pense qu'elle est seule avec son mari, Delphine surprend leur conversation et comprend que sa meilleure amie est un robot !

Heureusement que Franky est là !

Elle envoie discrètement de nombreux mails, et le téléphone n'arrête plus de sonner. Il y a tellement de commandes à gérer que Marguerite demande aux filles de se mettre aux fourneaux. Franky active son turbo et en très peu de temps, elle réalise et livre plus de **1000 gâteaux !**

Ennuis à l'horizon...

Grâce à l'aide de tous, le Cyber est sauvé, Marguerite peut continuer de faire de délicieux gâteaux. Pour fêter ça, Christian offre un cupcake à Franky, qui résiste, puis pour lui faire plaisir, croque une bouchée !

De son côté, Mariano disparait, ce qui déçoit un peu Christian.

Ce que le jeune homme apprend plus tard, c'est que son meilleur ami a vendu sa batterie pour gagner des sous, et aider à payer la dette du Cyber ! Chris peut vraiment compter sur lui.

Le Cyber

Delphine, Marguerite et Christian partent en Europe pour lancer la carrière de footballeur du jeune homme qui a été repéré par un agent.

Marguerite accepte que Paul soit son associé pour s'occuper du Cyber en son absence.

Mais Paul n'a pas vraiment la même façon de gérer le Cyber. Roby est en cuisine, ce sont des robots volants qui prennent les commandes, et le lieu est tellement impersonnel que les clients ne viennent plus.

En musique

Mariano forme son premier groupe de musique avec Loli, Ivan, Christian et Tamara. C'est au Cyber qu'ils donnent leur premier concert.

Raymond se fait passer pour un détective pour enquêter sur la gestion du Cyber.

Il tient à informer Marguerite de la réalité, alors que le scientifique lui fait croire qu'il n'a pas une minute à lui tellement il y a de commandes.

Au retour de Marguerite, c'est la guerre entre le scientifique, qui veut moderniser le lieu et elle, qui veut reprendre sa place. Pas sûr que les deux meilleurs ennemis trouvent une solution !

Casting

Un casting est organisé au Cyber pour choisir le comédien qui apparaîtra dans une publicité pour un jus de fruits. Roby et Franky sont les heureux élus.

Place au spectacle !

Le casting de la comédie musicale écrite par Wilson a également lieu au Cyber.

Chris et Franky

Entre eux deux, c'est une grande histoire d'amour !

Franky et Christian peuvent toujours compter l'un sur l'autre. La jeune robot a souvent déçu Chris, mais jamais volontairement. Un jour, Chris a trouvé Franky vraiment méchante, il a décidé de ne plus lui adresser la parole. Il lui en voulait d'avoir essayé de séduire Mariano et de lui mentir. Mais le pauvre ne savait pas qu'il était en fait en face du clone de Franky.

Parapluie

Même si Franky lui en fait voir de toutes les couleurs, leur rencontre a été un vrai coup de foudre pour Christian.

Quand Franky se décide à lui demander s'il veut bien être son petit ami, Chris accepte…

sans se douter que Franky sort toujours avec Roby. Elle ne sait pas encore qu'on ne peut pas avoir deux petits copains à la fois.

Heureusement, les choses se sont arrangées. Chris et Franky sont même fiancés et tout se passe pour le mieux… **jusqu'à ce que le jeune homme découvre que la jeune fille est un robot !**

Bug!

Lorsque Franky reçoit la déclaration d'amour de Chris, elle se sent très **bizarre** ! Sofia cherche même quel virus peut la mettre dans un tel état !

Comble de l'émotion

Quand elle entend Chris révéler de vive voix à Barbara qu'il est amoureux de Franky, l'androïde se met à faire plein de bip-bips tellement elle est heureuse !

Franky et Delphine

Ces deux inséparables sont les meilleures amies du monde !

Au Cyber, Delphine et Franky cuisinent pour rendre service à Marguerite qui est malade. Mais cela épuise complètement la batterie de Franky et elle s'éteint avant que Wilson et Sofia, alertés, ne viennent la chercher, sous les yeux ébahis de Delphine.

Le lendemain, Franky décide de tout révéler à Delphine. Mais sa meilleure amie est incapable de garder un secret ! Elle a le nez qui gratte à chaque fois que quelqu'un se confie à elle, et plus elle garde le secret et plus ça gratte. Le seul remède est de partager ce secret avec quelqu'un... heureusement, Loli ne la croit pas une seconde quand Delphine lui avoue que Franky est un robot !

Phrase culte

– J'adore tes boucles d'oreille. J'aime bien quand elles s'allument.

Delphine n'imagine pas une seconde que les bijoux clignotent quand Franky n'a plus de batterie !

Confidence

Delphine révèle à Franky qu'elle craque pour Roby ! Mais elle n'imagine pas une seconde que Paul a fait une erreur de programmation, et que c'est Roby qui est dans le corps de sa meilleure amie !

Sœurs

Pendant une journée, Franky et Delphine sont sœurs ! Eh oui, Brigitte, la mère de Paul, a reprogrammé l'androïde pour aider son fils à déstabiliser Sofia.

Franky et Tamara

Les relations entre Tamara et Franky sont assez... électriques !

Franky est une double rivale pour la jolie blonde, elle est plus intelligente et en plus, elle lui pique sa place dans le cœur du beau Christian... Tous les coups sont permis, et Tamara ne manque vraiment pas d'imagination !

Chris tient à ce que les deux filles s'entendent, et ne se rend pas compte à quel point Tamara s'en prend à Franky, qui essaie malgré tout de faire des efforts. Un matin, Tamara n'a pas eu le temps de réviser. Pour être gentille avec elle, la jeune androïde inscrit le nom de Tamara sur son interrogation pour qu'elle ait une bonne note. Pas sûr qu'elle mérite la gentillesse de Franky...

Phrase culte

– Franky, tu étais plutôt mignonne quand tu étais bébé ! Tu sais pourquoi ça n'a pas duré ?

Tamara en fait vraiment voir de toutes les couleurs à Franky.

Loupé !

À force de toujours vouloir se faire remarquer et être plus forte que Franky, Tamara est souvent prise à son propre jeu…

Compliment

Quand Christian fait les yeux doux à Barbara, la cousine de Mariano, Franky déclare :

– Elle est belle, mais Tamara est plus jolie !

La jolie blonde n'en revient pas.

Franky et Roby

Ces deux voisins découvrent qu'ils sont tous les deux des androïdes et deviennent très vite amis.

Franky rassure beaucoup Roby.

Que ce soit quand ils doivent s'échapper de *Egg Entreprises*, ou lorsque Roby est persuadé que Charlie et son père veulent le réduire en tas de ferraille, c'est sur Franky qu'il peut compter. Elle est une véritable amie, toujours là pour voler à son secours.

Phrase culte

– Franky, comment on fait pour pleurer ?

Roby voudrait vraiment savoir faire !

Le jour où il se brûle les yeux avec de l'eau et devient aveugle, c'est chez elle qu'il se rend au plus vite.

Grâce à Franky, le robot apprend à comprendre les humains et leurs émotions, car ce n'est pas Paul qui répondra à ses questions sur ce sujet ! D'ailleurs, Franky ne saura jamais que Paul avait demandé à son fils de pirater son système d'exploitation...

Stars !

Roby et Franky ont été sélectionnés pour tourner dans une publicité pour les jus de fruits Yumi Yumi ! Des vraies célébrités !

Jalousie !

Chris est souvent jaloux de la relation de Franky et Roby, jusqu'à ce qu'il comprenne que ce sont juste de très bons amis.

Qui a dit quoi ?

1 Je suis un génie !

2 Elle m'a volé mon amoureux !

3 La fête et moi, on n'est pas compatibles. La foule, le bruit, c'est l'idée que je me fais de l'Enfer !

4 Mon ingrédient magique, c'est l'amour !

5 Elle m'a dit qu'elle était allergique à l'eau, j'étais distrait !

6

Si vous voulez réaliser vos rêves, ça ne dépend que de **VOUS** !

J'espère qu'elle n'est pas dans ma classe, elle va avoir une très **mauvaise surprise** !

7

8

Je suis un **extraterrestre** !

9

Ne me parle pas des grandes sœurs, la mienne est **pire que tout** !

10

Jamais je ne te ferai du mal, Christian.

1.Paul – 2.Tamara – 3.Paul – 4.Marguerite – 5.Christian – 6.Wilson – 7.Tamara – 8.Clara – 9.Benjamin – 10.Franky.

Les robots et les sentiments

Difficile d'être un robot au milieu des humains et de leurs émotions !

Même si au départ, Franky et Roby n'en ressentent pas, tous les deux développent une certaine sensibilité.

Pour être la plus gentille des gentilles, Franky aide Barbara, la cousine de Mariano, à sortir avec Christian. Même en le faisant, elle a l'impression que ça lui fait quelque chose à l'intérieur... La jalousie peut-être !

Phrase culte

– Je veux savoir pleurer, Maman.

Franky veut pouvoir ressentir et exprimer ses émotions comme les humains ! Heureusement que Sofia a plus d'un tour dans son sac !

Et quand Franky apprend le départ de Christian pour l'Ukraine, elle est sous le choc…

Sa batterie se décharge à toute allure. C'est ainsi que se manifeste sa tristesse. Sofia invente une bague qui lui permet de verser de vraies larmes en l'activant.

Le manque

Franky ressent le besoin d'appeler Christian quand il est en Ukraine. Le jeune homme lui manque terriblement.

Roby aimerait aussi pleurer !

Avec une pipette, il verse des gouttes d'eau dans ses yeux, puis essaie d'imiter le visage de quelqu'un qui sanglote. Sauf que l'eau grille ses yeux, et une odeur de brûlé se répand chez Paul ! Roby devient même aveugle !

Les bugs de Franky et Roby

Même si Franky et Roby sont des androïdes très perfectionnés, il leur arrive d'avoir des bugs !

Certains passent inaperçus, mais d'autres pourraient leur causer des ennuis ou révéler leur véritable nature de robots.

Quand Roby et Franky tournent dans une publicité pour jus de fruits,

Roby boit un verre sans imaginer que cela va lui créer des courts-circuits.

Heureusement que Sofia a donné un sèche-cheveux à Franky ! Elle peut ainsi sécher le système de Roby, qui reprend ses esprits rapidement. Et si Delphine commençait à se douter de quelque chose ?

Connexion perdue

À cause de Tamara, Franky ne peut plus se connecter au wifi de l'école. Impossible de répondre aux questions de la professeure. Franky reste debout, la bouche ouverte, sans pouvoir prononcer le moindre mot.

Tamara est furieuse que l'équipe de Franky ait remporté le match de football.

Elle jette le ballon sur l'androïde, qui chancèle et perd la dent qui contrôle sa voix. Quand elle se relève, Franky parle avec une voix d'homme… Heureusement que ses camarades mettent cette bizarrerie sur le compte du coup qu'elle a reçu.

Les bugs de Franky et Roby

Le plus gros bug de Roby, et il est vraiment récurrent, c'est qu'il ne peut s'empêcher de danser dès qu'il entend de la musique.

Que ce soit chez lui, au Cyber, ou dans la rue, il bouge en rythme et ne se préoccupe plus de ce qui l'entoure. Toute cette bonne humeur rend Paul fou de rage, mais il finira bien par s'y habituer ! Et puis, ce bug a permis à Paul de différencier son fils du clone que Charlie avait créé.

Phrase culte

– Franky, est-ce que tout va bien ?

Sofia s'inquiète pour sa fille. La réponse est souvent :

– Oui Maman, je crois que oui...

Pas vraiment convaincant !

Robot

Rien de plus normal qu'un androïde qui a une voix de robot, non ? Sauf quand il s'agit de Roby... Il a reçu un mauvais coup et sa voix risquerait de révéler son secret. À l'aide, Franky !

Carambolage

Roby s'est éteint quand Delphine l'a percuté en vélo. L'ambulancier ne comprend vraiment pas pourquoi d'un coup il reprend connaissance, comme si de rien n'était !

Les moments les plus romantiques

Que serait la vie sans amour ?

Marguerite est certaine que c'est ce qui fait marcher le monde, et le Cyber ! C'est parfois un peu compliqué, entre coups de cœur, déclarations et jalousies, mais heureusement les histoires finissent bien pour tout le monde !

– Même sans maquillage, tu es magnifique !

Mariano est vraiment amoureux de Delphine, il ne rate jamais une occasion de lui faire des compliments ! Mais malheureusement, elle ne les entend que rarement.

– T'es nul en skate, mais tu me plais toujours autant, Roby.

Peu importe les maladresses de Roby, Loli est dingue de lui et elle compte bien lui montrer qu'elle l'aime comme il est.

– Notre amour est électrique…

C'est la phrase que Loli prononce après avoir embrassé Roby pour la première fois. Cheveux en pétard, odeur de roussi, ce baiser a électrocuté la jeune fille !

Il arrivait à Roby d'appeler Loli « mon amour » !

Mais ça, c'était avant que Paul ne l'efface de sa mémoire. Difficile pour elle de comprendre ce changement de comportement… et elle ne compte pas abandonner si facilement son âme sœur !

Lorsque Delphine apprend que Roby est célibataire, elle décide de lui offrir un gâteau fait maison. C'est une attention romantique, mais comme il lui est interdit d'en manger, il refuse, et Delphine repart, vexée.

Les moments les plus romantiques

– Les heures qu'on a passées ensemble quand tu étais ma petite amie étaient les meilleures de toute ma vie.

C'est une des plus jolies phrases que Christian a dite à Franky. Le pauvre vit des hauts et des bas avec la belle androïde, pas toujours facile de comprendre Franky quand on ne sait pas qui elle est vraiment !

– Je suis amoureux de Franky.

Christian fait cet aveu à Barbara, la cousine de Mariano. Elle voudrait sortir avec le jeune homme, mais ce n'est pas réciproque, heureusement pour Franky ! Cachée derrière un mur, elle entend cette phrase et saute de joie !

– Je t'aime, tu dois faire ce qui te rend heureux.

Lorsque Chris annonce à Franky qu'il doit partir pour commencer sa carrière de footballeur professionnel, cela la rend très triste. Sofia explique à sa fille que quand on aime profondément quelqu'un, il faut lui laisser la possibilité de faire ce qui le rend heureux. C'est la plus belle preuve d'amour que Franky peut faire au jeune homme !

Qui l'aurait cru ?

Paul demande Marguerite en mariage, et elle accepte ! L'époque où tous les deux se chamaillaient au Cyber est révolue. Finies les disputes pour savoir qui fait les meilleurs gâteaux !

Qui pourrait être ton meilleur ami ?

Imagine que tu puisses passer du temps avec tes personnages préférés, et devenir leur ami(e).

Réalise ce test et découvre avec qui tu t'entendrais le mieux. À toi de jouer !

1 Franky te confie un gros secret :

- Tu le racontes immédiatement à quelqu'un.
- Motus et bouche cousue, tu ne diras rien.
- Tentant de le répéter, mais tu sais tenir ta langue.

2 Pour faire un exposé, avec quel copain fais-tu équipe ?

- Le plus intelligent
- Le plus travailleur
- Le plus drôle

3 Tu es le(la) dernier(ère) à être choisi(e) en sport par Tamara…

- Tu le prends à la rigolade.
- Tu boudes un petit peu.
- Quel est le problème ?

4 Chris voudrait faire une surprise à Franky, que lui conseilles-tu ?

- De lui offrir une bague
- De lui raconter une blague
- De lui écrire une lettre

5 Clara te propose de faire une farce à Ivan…

- Hors de question !
- D'accord, mais une petite !
- Une blague, pour quoi faire ?

6 Wilson et Sofia ont besoin de ton aide…

- Ils peuvent compter sur toi.
- Tu finis d'abord ce que tu es en train de faire.
- Tu adores qu'on ait besoin de toi !

7 Pour aider à sauver le Cyber, que ferais-tu ?

- Tu livrerais les pâtisseries.
- Tu ferais les gâteaux.
- Tu prendrais les commandes au téléphone.

8 Carlos Gamarra te propose de jouer dans une série…

- Non merci, tu es trop timide.
- Seulement si ton meilleur ami participe.
- Avec plaisir !

Qui pourrait être ton meilleur ami ?

Tu as une majorité de
C'est certain, tu t'entendrais très bien avec Delphine !

Vous voyez le bon côté des choses. Difficile de garder un secret, mais vous faites toujours attention de ne pas décevoir vos amis. Vous adoreriez passer du temps à discuter et manger des gâteaux dans un salon de thé !

Tu as une majorité de
Franky serait ta meilleure amie !

La jeune androïde est courageuse et toujours prête à aider ses amis. Ensemble, vous pourriez accomplir de belles choses. Tu pourrais même lui apprendre comment fonctionnent les humains !

Tu as une majorité de
Christian et toi seriez inséparables !

Vous adorez rire et faire des blagues. Vous êtes toujours de bonne humeur et vous cherchez avant tout à comprendre vos amis. Vous pourriez tous les deux passer des heures à faire du sport et à discuter pour refaire le monde.

Chut, c'est un secret !

Secrets de polichinelle ou secrets vraiment confidentiels, cachotteries, et grosses révélations, ta série préférée ne manque pas de rebondissements !

Quelle surprise pour Delphine quand Franky lui révèle qu'elle est un robot !

Elle n'en croit pas ses yeux, mais ce qui compte le plus c'est que Franky reste sa meilleure amie. Seul problème : Delphine passe son temps à se gratter le nez quand elle a un secret et il faut absolument qu'elle le dise à quelqu'un. Heureusement que Loli ne la croit pas quand elle lui apprend que Franky est un androïde. Quel soulagement !

Coup monté

Clara adore faire marcher Benjamin ! Elle lui raconte que sa sœur et elles sont des extraterrestres. Le frère de Tamara finit par la croire et par avoir vraiment peur…

Deux robots

Quand Sofia découvre Roby en train de recharger sa batterie avec le chargeur de Franky, elle comprend que sa fille n'est pas le seul androïde. Elle est encore plus surprise que Paul soit son créateur !

Coup de foudre

Quand Christian se retrouve séparé de ses amis et bloqué chez *Egg Entreprises*, Tamara s'écrie « Mon amour ! », en voulant appeler Chris. Tout le monde comprend qu'elle est folle amoureuse de lui.

Chut, c'est un secret!

Franky ressemble de plus en plus aux humains! Elle rêve que Sofia annonce à ses amis qu'elle est un robot. Mais elle ignore que ce n'est pas la réalité...

Le lendemain, elle agit avec ses camarades comme si tout le monde connaissait son secret. Elle avoue qu'elle peut se connecter à Roby et connaître les résultats du match des garçons sans être sur le terrain... Même Tamara ne la croit pas tellement ce qu'elle raconte est surprenant. Au retour de l'androïde chez elle, sa maman lui explique qu'elle a fait son premier rêve!

Amoureux

Tamara annonce à Ivan que Franky lui a volé son amoureux, Chris. Ivan s'exclame :

– Mais c'est super ça!

La jolie blonde n'y prête même pas attention.

Petit mail

Roby aussi voudrait dire
à tout le monde qu'il est un robot !
Il prépare un mail pour avertir le lycée.
Heureusement, Paul arrive au
bon moment pour l'empêcher
d'envoyer ce message.

Tricheur !

Wilson avoue à la professeure de biologie de Clara qu'il a fait le devoir maison de sa fille. Il ne devrait pas être fier de lui… En plus, le dessin qu'il a réalisé ressemble à celui d'un enfant de 5 ans !

Tous les coups sont permis

Il n'y a pas que pour les amis de Franky que tous les coups sont permis.

Chez *Egg Entreprises*, Charlie reprogramme Franky et Roby sans en parler à Paul et Sofia. Les deux robots deviennent alors frère et sœur. Et comme ils s'enfuient, Charlie décide d'activer leur clone. Arrogants et désagréables avec leurs amis, Franky 2 et Roby 2 sont loin des originaux. Ils ne sont ni bons en classe ni en sport. Lorsque Charlie est démasqué, il affirme à Paul et Sofia qu'il ne fera plus rien sans leur consentement. Il leur annonce que l'expert en clonage est reparti au Japon, mais il n'en est rien... Les deux scientifiques devraient se méfier de leur patron.

Douche froide

Tamara a entendu que Franky ne devait pas se mouiller. Elle se cache pour lui jeter un seau d'eau, mais l'androïde s'écarte, et c'est Chris qui prend l'eau en pleine figure.

Wifi

Sans wifi, Franky ne peut pas être la plus intelligente, et Tamara l'a bien compris.
Sa décision : couper le wifi de l'école !
Heureusement que Franky repère d'autres relais Internet !

Chacun pour soi

Tamara refuse que Franky fasse partie de son équipe de foot parce qu'elle la pense trop mauvaise. Mais à sa grande surprise, l'androïde est vraiment douée.

Tous les coups sont permis

Il faut bien le dire, Tamara est la reine des mauvais coups.

Elle informe tout le lycée qu'elle sort avec Chris alors qu'il n'en est rien. Mais même le jeune homme se retrouve pris au piège. Franky est folle de jalousie, de la fumée sort de ses oreilles et elle devient toute rouge. Christian essaie de clarifier la situation et de dire à Tamara qu'il ne sort pas avec elle, mais elle lui coupe sans cesse la parole. C'est peine perdue !

Comble de la manipulation, Tamara fait exprès de chuter d'un banc en faisant croire que Franky l'a poussée. Elle prétend ne se souvenir de rien, ni des cours du matin… et encore moins de sa rupture avec Christian. Retour à la case départ pour le jeune homme qui pensait être tiré d'affaire !

Revers de la médaille

Mariano fait semblant d'être triste pour apitoyer Delphine. Roby révèle tout à son amie : il lui envoie un enregistrement où Mariano explique sa stratégie... Eh oui, même si tous les coups sont permis, on ne peut pas gagner à chaque fois !

Coup bas

Paul téléphone à Marguerite en prenant la voix de la directrice : Christian a un problème, elle doit se rendre en urgence au lycée. Parfait pour pouvoir fouiller le Cyber et mettre la main sur l'ingrédient magique de la jeune femme.

Plus on est de fous, plus on rit !

Roby remporte la palme du personnage le plus rigolo, et pourtant c'est un androïde !

Lorsque Paul le charge de pirater Franky et que Roby a presque réussi à copier son système, Mariano se met à jouer de la batterie dans l'immeuble. Le robot se met immédiatement à danser et sa mission échoue.

Un après-midi, l'androïde perd un boulon et sa mâchoire se déboîte.

Grâce à Sofia, Paul le répare. Roby découvre à cette occasion qu'il peut enregistrer la voix des personnes de son entourage rien qu'en ouvrant la bouche, et les imiter à la perfection. Paul n'est pas vraiment ravi que son fils l'imite aussi bien !

Superstition

Paul est persuadé que renverser la bassine d'eau d'un chien porte malheur. Il s'habille en tenue de football américain pour conjurer le mauvais sort !

Le roi du déguisement

Roby s'est mis dans la tête que Paul voulait le désactiver. Il se rend chez Raymond et se déguise en **vieille dame...** Fou-rire garanti !

De l'amour dans l'air !

Paul a rendez-vous au Cyber avec une femme qu'il a contactée sur un site de rencontres. Il part en courant quand il comprend qu'il a écrit à Marguerite, inscrite par Delphine !

Plus on est de fous, plus on rit!

Pour le premier match de foot de l'école, Roby est le seul de son équipe à jouer au football... américain !

Il marque même contre son camp, une catastrophe pour son équipe. Mais au moins, il fait bien rire les supporters !

La cohabitation entre Marguerite et Paul est parfois compliquée au Cyber !

La jeune femme est toujours de bonne humeur et passe son temps à chanter, ce qui exaspère Paul. Il a besoin de toute sa concentration pour élaborer ses recettes de cuisine moléculaire !

Difficile aussi de se concentrer quand Mariano monte son groupe de rock et répète chez lui avec Ivan.

Ni Paul, ni Raymond, ne parviennent à travailler. Quand ils pensent être enfin débarrassés des musiciens, Loli arrive pour jouer du violon !

Problème de vision

Quand il devient aveugle, Roby trébuche sur tout ce qui se trouve sur son chemin et confond Tamara et Franky !

En musique !

Quand les corps de Roby et Franky sont échangés, c'est Franky qui danse en rythme sur les tables du Cyber et met l'ambiance pour le plus grand bonheur de ses camarades !

Quel cauchemar !

Paul fait un étrange songe dans lequel les clones de Roby ne cessent de l'appeler « Papa, Papa, Papa ! ». Il se réveille, paniqué !

Souvenirs

Retrouve tes personnages préférés dans ton album photo !

Drôles, tristes, surprenants, tendres, romantiques ou loufoques, voici pour ton plus grand plaisir une compilation des moments vécus par Franky, sa famille et ses amis !

$H_2O=H= O_2$
$C=K$

Souvenirs

L'univers de Franky

Connais-tu l'univers de Franky et de tes personnages préférés sur le bout des doigts ?

Pour le savoir, réalise ce test et reporte-toi aux réponses pour vérifier tes connaissances. Maintenant à toi de jouer !

1 Quel instrument offre Raymond à Mariano pour son anniversaire ?

A. Une batterie
B. Une guitare
C. Un violon

2 À quelle occasion les boucles d'oreille de Franky clignotent-elles ?

A. Quand elle reçoit un mail
B. Quand elle n'a plus de batterie
C. Quand elle est en danger

3 Que fait Delphine quand elle a un secret ?

A. Elle se met en colère.
B. Elle ne parle plus à personne.
C. Elle se gratte le nez.

4 De quoi Loli est-elle fan ?

A. De mode
B. De sport
C. De patinage artistique

5 Qu'est-ce qui caractérise Roby ?

A. Il se met à danser dès qu'il entend de la musique.
B. Il est vraiment très intelligent.
C. Il joue au football comme un professionnel.

6 Dans quel pays partent Christian et sa famille ?

A. En France
B. En Ukraine
C. En Chine

7 Que font croire Clara et Franky à Benjamin ?

A. Qu'elles sont des robots
B. Qu'elles sont des extraterrestres
C. Qu'elles sont des stars de la télévision

8 Comment réagit Franky quand elle est jalouse ?

A. Elle se met à pleurer.
B. Elle hurle.
C. De la fumée sort de ses oreilles.

Retrouve vite les réponses au dos de la page !

L'univers de Franky

Vérifie tes réponses,
puis compte combien sont justes !

1-A ; 2-B ; 3-C ; 4-A ; 5-A ; 6-B ; 7-B ; 8-C.

Tu as **moins de 3** bonnes réponses :

Tu adores Franky, mais tu ne connais pas encore tous les secrets de cette série. Ce livre est fait pour toi ! Tu y trouveras des informations sur tes personnages préférés et des anecdotes sur les différents épisodes. Refais le test dans quelque temps, tu auras progressé, c'est certain !

Tu as **entre 3 et 6** bonnes réponses :

Bravo, tu commences à connaître Franky et ses amis, leurs habitudes et leurs passions ! Tu peux faire encore mieux et découvrir leurs secrets. Ce guide officiel va te permettre d'en savoir davantage sur tes personnages préférés. Tu seras bientôt incollable.

Tu as **plus de 6** bonnes réponses :

Félicitations, tu connais l'univers de Franky sur le bout des doigts ! Les personnages n'ont plus aucun secret pour toi. C'est comme si tu faisais un peu partie de la famille.